# UTILITÉ
# D'UNE LOI

SUR L'EXERCICE

## De la Souveraineté nationale,

PAR

## Pierre LE GUEN,

### Ancien Élève de l'École Polytechnique.

NANTES,
**L. et A. GUÉRAUD,**
Imprimerie-Librairie
DU PASSAGE BOUCHAUD.

PARIS,
**GARNIER FRÈRES,**
Galerie Montpensier,
PALAIS-NATIONAL.

**1850.**

# UTILITÉ D'UNE LOI

## SUR

# L'EXERCICE DE LA SOUVERAINETÉ NATIONALE.

# UTILITÉ
# D'UNE LOI

### SUR L'EXERCICE

## De la Souveraineté nationale,

PAR

## PIERRE LE GUEN,

### Ancien Élève de l'École Polytechnique.

| NANTES, | PARIS, |
|---|---|
| **L. et A. GUÉRAUD,** | **GARNIER FRÈRES,** |
| Imprimerie-Librairie | Galerie Montpensier, |
| DU PASSAGE BOUCHAUD. | PALAIS-NATIONAL. |

1850.

1851

# UTILITÉ D'UNE LOI



## L'exercice de la Souveraineté nationale.

L'optimiste le plus décidé ne peut s'empêcher de reconnaître qu'il y a en France une cause permanente qui entretient l'inquiétude, bannit la confiance, nuit aux spéculations de l'industrie et du commerce, paralyse les transactions de toute espèce, et retarde par conséquent le retour du bien-être et de l'aisance générale. Cette cause, c'est la perspective d'une nouvelle perturbation sociale, pouvant sortir d'une émeute populaire ou d'un coup d'État.

Les arguments les plus divers ont été invoqués tour à tour et vainement, pour dissiper ces craintes. A ceux qui redoutent l'agitation des rues, l'on montre le Pouvoir prêt à défendre d'une main ferme le dépôt confié à ses soins; l'on montre la société elle-même qui, lasse de tant de secousses, meurtrie encore de ses blessures, aspire à écarter les troubles qui rendraient plus poignante la crise où elle se débat depuis si longtemps.

Les craintes d'un coup d'État sont combattues par des raisons non moins spécieuses.

Mais, quelle que soit la valeur des motifs allégués à l'appui de ces différentes opinions, on ne parvient pas à rassurer les esprits; et il faut avouer

que la conduite de certains champions
de l'ordre n'est guère propre à rame-
ner la confiance. Ils veulent l'ordre,
et ils exaltent sans cesse le nom du
destructeur de notre première république! Ils veulent l'ordre, et ils rap-
pellent avec affectation la date de
l'avénement de l'Empire! Ils veulent
l'ordre, et ils emploient dans leurs
adresses louangeuses des titres in-
compatibles avec le régime démocra-
tique! Que penser de ces contradic-
tions étranges? Veut-on provoquer la
colère des amis de la Constitution,
tromper l'opinion, ou bien se fait-on
illusion à soi-même? Est-ce un défi?
Est-ce de l'hypocrisie ou de la sottise?

Il est difficile de reconnaître de quel
côté est l'erreur, et de peser les pro-

babilités qu'il y a de voir les événements arriver dans un sens ou dans un autre. D'ailleurs, une nation ne doit point établir sa confiance sur la probabilité ou la possibilité de tel fait indépendant de sa volonté; il faut qu'elle possède en elle-même les motifs d'être confiante. Or, ces motifs, le peuple sent bien qu'il ne les a pas; et de là vient que, malgré les plus beaux raisonnements du monde, il reste sur le qui vive, dans l'attente des événements.

On ne saurait l'en blâmer; le point de l'horizon d'où doit sortir l'orage est inconnu, mais il faudrait être optimiste bien obstiné pour ne point en apercevoir des indices autour de soi. Chercher à s'en garantir, se restreindre dans ses entreprises, ne pas compter loin dans l'avenir, c'est obéir aux plus simples notions de la prudence et de l'histoire.

Un coup d'œil en arrière, sur nos deux dernières révolutions, suffira pour le prouver. Car, sans parler de toutes les agitations que la France a traversées depuis soixante ans, examinons ce qui s'est passé, à dix-huit années d'intervalle, à ces deux époques mémorables. Il y a deux circonstances capitales dans chacune de ces révolutions : le mot à la faveur duquel elle s'est faite, et la manière dont elle s'est terminée ; c'est-à-dire, la cause et l'effet. Il est facile de voir que, dans l'un et l'autre cas, les événements dépassèrent l'attente de ceux qui les avaient amenés.

En 1830, la révolution eut lieu pour défendre la Charte, attaquée par le ministère, et au cri de « Vive la Charte! » Victorieuse, elle déchira la Charte et chassa le roi inviolable et irresponsable. Ainsi, le premier mobile, la défense de la Charte, fut bientôt oublié, et la révolution alla au delà du but qu'elle s'était proposé. Il n'y eut donc pas de corrélation entre l'effet et la cause; ou bien, le mot inscrit sur le drapeau de 1830 n'était pas le véritable.

Même phénomène en 1848. L'agitation, alors, avait été provoquée pour amener la réforme : les chefs de l'opposition constitutionnelle, instigateurs

des banquets réformistes, ne voulaient autre chose qu'une extension
des listes électorales ; ils repoussaient
avec indignation l'épithète d'aveugles
ou d'ennemis, épithète insérée à leur
adresse dans le discours de la Cou-
ronne. Ils ne voulaient point renver-
ser la royauté, et leur cri de « Vive
la réforme! » fut celui de la révolution qui, victorieuse, proclama la
République.

Ainsi, à ces deux grandes époques,
l'issue des faits ne répondit pas à la
devise des combattants. Il est à craindre qu'il n'en fût encore de même
dans une crise semblable; l'on crie-
rait : « Vive l'ordre! » et l'on fonderait
le despotisme.

Jusqu'ici, rien ne démontre qu'il

faille se reposer, avec une foi abso-
lue, sur la stabilité des institutions
fondamentales, ni s'endormir dans
une fausse sécurité, en comptant sur
l'habileté ou sur la bonne foi des
hommes politiques. Rien ne prouve
non plus que notre Constitution ac-
tuelle ait plus de force et d'autorité
que les Chartes qui l'ont précédée.
Jamais les Chartes de 1814 et de
1830 n'ont été traitées avec autant
de mépris que la Constitution de
1848. On ne s'est point fait faute de
la déclarer défectueuse, détestable,
impossible ; on est allé jusqu'à insi-
nuer de l'abolir, sans avoir égard à
l'illégalité des moyens. Singulier procédé pour dissiper les craintes des
patriotes !

Malgré ces accusations et ces conseils, cette pauvre Constitution sera-t-elle respectée ? Il y a quelques raisons d'en douter ; et l'on conçoit parfaitement que bien des personnes ne soient pas rassurées à cet égard. L'on pourrait facilement citer dans notre histoire les exemples les plus variés pour justifier leurs appréhensions et faire remarquer certaines analogies entre les circonstances. Enfin, s'il arrivait, ce qui n'est pas invraisemblable, que, par une cause ou par une autre, l'on tombât dans une nouvelle phase révolutionnaire, l'on se retrouverait en face des mêmes difficultés qu'en 1830 et en 1848.

Ces difficultés tiennent à une inconséquence de notre législation, dont je parlerai bientôt; et, de l'incertitude qui en résulte, naissent les tiraillements de l'opinion, les hésitations du pouvoir et l'anxiété d'une foule de citoyens qui, dans cette confusion universelle, désespèrent du principe et sont tout prêts à se jeter dans les bras des partis, dussent-ils remonter à plus d'un demi-siècle en arrière.

Henri V, le comte de Paris, l'Empire, sont tour à tour, pour eux, la dernière branche de salut; des modérés appellent de leurs vœux le régime du sabre, et n'imaginent pas d'autre issue pour sortir des embarras qui les effraient Dans une pareille disposition des esprits, le moindre événement excite la fièvre de la peur; une élection paraît presque un signal de guerre civile. Rien de si contraire à la liberté! et cela seul est la preuve d'une imperfection dans ce qui existe, et d'une lacune qu'il faut combler au plus tôt. La défiance mutuelle que s'inspirent les partis, les porte toujours à voir la Constitution près d'être renversée par la violence; et ils deviennent violents pour s'y opposer. Tout cela est dû à l'inconséquence légale mentionnée plus haut, et qui consiste à ne pas avoir déterminé ce qu'il y aurait à faire en cas de révolution.

La France a vu deux fois en dix-huit ans son gouvernement renversé, et deux fois elle a été livrée au hasard des événements, sans règles fixes à suivre pour reconstituer le Pouvoir sur de nouvelles bases. La Charte de 1814 ni celle de 1830 n'avaient établi la marche à laquelle on devrait se conformer, si de pareilles circonstances se présentaient. Elles avaient toutes deux posé en principe l'irresponsabilité du roi ; rien ne devant l'atteindre, on regardait comme inutile de songer aux conséquences de sa chute. Il semble d'ailleurs que, la forme gouvernementale existante une fois détruite, il n'y ait plus lieu de recourir aux lois pour créer celle qui lui doit succéder. C'est là une illusion qu'un peu de réflexion fera évanouir. Le droit de choisir un nouveau gouvernement appartient, il est vrai, à la nation, qu'on l'écrive ou non dans les lois ; mais, faute de prescrire le mode suivant lequel il doit s'exercer, il devient une fiction, et, par le fait, il est anéanti.

On a vu comment nos deux dernières révolutions ont renversé; il est curieux d'examiner comment elles procédèrent pour reconstruire.

Après les journées de Juillet, les députés présents à Paris, dont l'élection avait eu lieu sous la monarchie déchue, et dont le mandat avait été de faire des lois; les députés s'assemblèrent, et, au lieu d'organiser le suffrage national, ils en usurpèrent le droit. Le pouvoir éphémère confié par eux à la famille d'Orléans, était infirmé dans sa base et devait inévitablement tomber. Le véritable point

d'appui, la volonté librement expri-
mée du peuple, ayant manqué, il vint
un jour qu'au milieu d'une prospérité
apparente, et malgré l'habileté vantée
de ses ministres, la monarchie s'é-
croula aux yeux de l'Europe étonnée.

Que serait-il arrivé si, à l'époque
des journées de Juillet, il avait existé
une loi qui, en proclamant le droit
imprescriptible de la nation à choisir
son gouvernement, eût à la fois régle-
menté ce droit? La révolution serait
tombée, pour ainsi dire, dans le do-
maine de la loi; le peuple aurait ex-
primé sa volonté et communiqué sa
force aux nouvelles institutions. Si
l'on eût procédé ainsi, probablement
bien des troubles auraient été évités,
bien du sang épargné, et la prospérité

de la France serait toute autre qu'elle n'est aujourd'hui.

Quand les événements de Février appelèrent la nation à user de sa souveraineté, rien dans les lois ni dans les traditions ne servait à la guider dans l'application; il en résulta une impossibilité momentanée. Un gouvernement anormal et provisoire dut, en conséquence, se saisir du pouvoir et suppléer à ce qui manquait dans les institutions, en décrétant le suffrage universel et en publiant les règlements nécessaires pour le faire passer de la théorie à la pratique. On ne commit pas alors la faute de 1830; le droit du peuple ne fut pas confisqué, seulement il fut suspendu pendant quelque temps. Ce n'en est pas

moins une chose fâcheuse qu'il puisse y avoir interruption dans l'exercice de la souveraineté populaire : la
liberté pourrait en souffrir et même
être totalement anéantie, si des hommes habiles et pervers savaient ex-
ploiter cet instant critique. Il importe
que, précisément alors, le peuple
intervienne lui-même dans ses affaires;
nul intermédiaire n'est apte à le rem-
placer, et pourtant la force des cho-
ses a obligé de le traiter comme un
mineur en tutelle ou un interdit qui
ne saurait se conduire. Comment se
fait-il qu'après avoir vu l'inconvénient
de cette lacune dans nos lois, on n'ait
pas songé à la faire disparaître? Nous
aurions dû apprendre du passé à nous
prémunir contre le retour des mêmes

difficultés. Il y avait une raison de plus de le faire; car on avait proclamé la souveraineté du peuple, il fallait donc en rendre l'application possible.

Malheureusement, la Constitution est à cet égard aussi muette que celles qui l'ont précédée. Sa prévoyance va pourtant jusqu'aux mesures à prendre en cas de haute trahison de la part du Président de la République. Elle trace, pour cette éventualité, la marche à suivre dans le but de sauver la liberté, et la met sous la protection de l'Assemblée nationale. Ces mesures seraient suffisantes, si l'Assemblée restait maîtresse de la position; mais si cela n'était pas, tout serait de nouveau compromis. L'édifice social serait renversé, et l'on retomberait dans le chaos. Qui peut affirmer que cette fois les souffrances ne seraient pas plus longues et plus terribles que celles que l'on prétendait éviter? Quelle main les ferait cesser? La France conserverait-elle la direction de ses destinées? Toutes ces questions sont insolubles. Ce qu'il y a de plus probable, c'est qu'il se présenterait des sauveurs de bonne volonté et que l'on subirait leurs épreuves.

En présence de ces hypothèses, qui peuvent se traduire en réalités, il est facile de comprendre les défiances qui tiennent tout en suspend. J'ai cité comme exemple l'une des combinaisons par lesquelles notre pays serait livré au désordre; cet exemple est indiqué dans nos lois. Mais il est facile d'entrevoir la possibilité d'autres combinaisons qui ne seraient pas moins funestes. Au bout de chacune, on voit une catastrophe imminente et point d'issue pour en sortir. Je me trompe, il y en a une; car, prévoyant l'insuffisance des lois pour défendre son œuvre en certaines occasions, l'Assemblée nationale l'a confiée au patriotisme de tous les Français. Mais le succès du combat est incertain; et, d'ailleurs, quelles seraient les conséquences de la victoire? N'est-il pas à craindre que le vainqueur n'impose violemment sa volonté? Et si, victorieux sur un point, il ne l'était pas sur un autre, voilà la

guerre civile allumée. Mais, suppo-
sons que l'un des partis ait triomphé :
le moindre danger que puissent cou-
rir les libertés nationales, c'est de se
retrouver en face des mêmes inconvénients qu'en 1830 et 1848 ; c'est la
supposition la plus avantageuse que
l'on puisse faire. Il y aurait donc création d'un gouvernement provisoire ; la
France subirait de nouveau, pendant
quelque temps, une autre influence
que la sienne : puis viendraient les
élections générales.

Ce serait certainement, dans une
crise pareille, la terminaison la plus
désirable. Mais il est douteux que telle
dût être la marche des événements ;
et, dans tous les cas, on n'y arrive-
rait qu'à travers les angoisses de la

guerre civile. On reviendrait au point d'où l'on est parti, décrivant ainsi un cercle vicieux, pour le recommencer sans cesse au milieu des horreurs d'une lutte sanglante et des misères de toute espèce.

Empêcher les citoyens de s'entr'égorger, ou du moins rendre la violence inutile en subordonnant les événements au joug de la volonté du pays ; supprimer toute intermittence dans l'exercice de cette volonté, et faire que la chaîne des traditions nationales, brisée par un choc inattendu, puisse se ressouder aussitôt ; tels sont les effets que l'on peut attendre d'une loi. Il suffit de déterminer, à l'avance et légalement, les mesures à prendre si l'on se retrouvait dans une position révolutionnaire. On éviterait par là les inconvénients et les dangers signalés plus haut. Cette loi déciderait que, dans telle circonstance donnée, le Pouvoir est confié à l'ensemble des citoyens. Mais cette déclaration, qui se borne à énoncer un fait, ne suffit pas; il faut, de plus, tracer la marche à suivre pour le mettre en pratique.

En vertu de la loi, chaque département se saisirait de l'autorité politique et administrative, et ferait de nouvelles élections pour nommer des représentants à une assemblée nationale. Il resterait à déterminer la limite de cette action, les ressorts nécessaires pour la mettre en jeu, enfin les

formalités suivant lesquelles les fonc-
tions devraient se transmettre à titre
définitif ou intérimaire.

Les troubles politiques exciteraient
alors bien moins d'alarmes, ils auraient
des effets moins funestes et moins
étendus ; car la nation sentirait qu'elle
est maîtresse de ses destinées, qu'elle
possède la force de se gouverner de
ses propres mains et les moyens
nécessaires pour la déployer. Rien
ne s'interposant plus entre la souveraineté populaire et les événements,
son action serait immédiate et spon-
tanée. Alors s'évanouiraient les fan-
tômes nés des espérances chimériques des uns et des folles terreurs
des autres ; ils disparaîtraient devant
cette soudaine clarté qui rendrait

inutiles et sans danger toutes les manœuvres souterraines.

Ainsi se trouvent résolus à la fois deux grands problèmes : on arrive en effet par là, d'abord, à l'application intégrale du grand principe qui nous régit; en second lieu, au rétablissement de la confiance d'une manière solide et durable.

L'on verrait aussitôt le crédit reprendre un nouvel essor, les capitaux et les commandes affluer dans nos fabriques, des entreprises de toute espèce donner du travail aux ouvriers et le bien-être à tout le monde; enfin, les entraves du commerce tombant du même coup, son activité doublée viendrait encore en aide aux progrès de notre industrie.

Ces vérités sont évidentes et surabondamment démontrées. Tout ce qui précède, en effet, n'est que la conséquence logique, irréfragable, du principe qui domine notre législation; la souveraineté du peuple est proclamée, tout doit en dériver. On voit que notre raisonnement se réduit à un syllogisme dont les prémisses existent dans nos lois, et dont jusqu'ici l'on n'a pas tiré la conclusion; les prémisses n'étant pas contestées, la conclusion est incontestable. Cela frappe les yeux de tout homme de bonne foi. Or, il n'y a rien de si dangereux que le défaut d'harmonie entre les faits et les principes; ce défaut qui existe dans notre système actuel, peut être comparé à un mécanisme dont les pièces ne se rapportent pas et sont exposées à des chocs qui les brisent. Une pareille anomalie est un vice radical, qu'on ne saurait trop tôt faire cesser par l'adoption des mesures indiquées dans cet écrit, mesures qui se réduisent à la création d'une loi pour rendre effective la souveraineté du peuple et lui donner toute sa plénitude.

Dans l'impossibilité d'opposer à la force de ces preuves aucune objection solide, essaiera-t-on de les éluder par un moyen détourné? Parlera-t-on du danger de voir le peuple dans chaque département diriger lui-même ses affaires? de l'anarchie qui pourrait en résulter? des tiraillements en sens divers qui menaceraient de livrer la France aux attaques de l'étranger? etc, etc. Enfin, fera-t-on appel à l'ignoble passion de la peur? Des manœuvres de cette sorte ont tant de fois réussi en maintes occasions, qu'il ne serait pas surprenant de les voir employer encore. Ces épouvantails n'en sont plus, quand on veut se donner la peine de les considérer de près. Oui, il y a danger; mais il consiste à prolonger la durée des inconséquences signalées plus haut, et non à les faire cesser.

Voyons donc s'il est vrai que la tranquillité intérieure du pays et même sa nationalité y courraient quelque péril. De quels pouvoirs seraient revêtus les citoyens et qu'auraient-ils à faire dans chaque département? Assurer la marche des affaires, et nommer des députés à une assemblée nationale; voilà tout! Nul n'est plus intéressé qu'eux au maintien de l'ordre et à la sécurité dans leur pays. Voudrait-on admettre qu'ils agiront en sens contraire de leur intérêt? Ou bien voudra-t-on soutenir qu'ils manqueront soit de l'intelligence nécessaire pour prendre le parti le plus convenable, soit du courage suffisant pour le soutenir? Les opinions les plus extravagantes n'étonnent plus; mais si de pareils arguments étaient avancés, on serait en droit de les rétorquer contre leurs auteurs.

Quant à l'unité nationale, il suffit de rappeler qu'elle a été votée, il y a quelque soixante ans, par les députés des provinces à l'Assemblée des états, et qu'elle est par conséquent l'ouvrage des représentants de la France à cette époque. Depuis lors, les liens qui resserrent entre elles les différentes fractions du territoire, sont devenus de plus en plus étroits par la solidarité de gloire et de revers, la même législation et l'assimilation des mœurs et des idées. Il n'y a donc pas lieu de s'arrêter au singulier doute qui tendrait à faire croire que la création des départements n'est pas une œuvre nationale. Les objections de cette nature ne soutiennent pas l'examen.

Ainsi, pas de craintes chimériques, ni de délais qui augmenteraient encore le péril réel existant aujourd'hui. Les avantages de ce que l'on propose ici sont inappréciables, et les inconvénients à peu près nuls. Je désire donc sincèrement que les citoyens qu'agent les difficultés actuelles, se pénètrent de la vérité développée dans ces lignes. Leur conviction, portée sous forme de pétition devant l'Assemblée nationale, viendrait y hâter la confection d'une loi, complément nécessaire de nos institutions.

**Pierre LE GUEN,**

*Ancien élève de l'École polytechnique.*

Nantes, Impr. GUÉRAUD, rue Basse-du-Château, 6.